Las cosas que me gustan

Me gusta construir

por Meg Gaertner

nivel 1
little blue readers
en español

www.littlebluehousebooks.com

© 2023 por Little Blue House, Mendota Heights, MN 55120. Todos los derechos reservados. Ninguna parte de este libro puede ser reproducida ni utilizada de ninguna manera ni por cualquier medio sin el permiso escrito de la editorial.

Traducción: © 2023 por Little Blue House
Título original: I Like to Build
Texto: © 2023 por Little Blue House
Traducción: Annette Granat

La serie Little Blue House es distribuida por North Star Editions.
sales@northstareditions.com | 888-417-0195

Este libro ha sido producido para Little Blue House por Red Line Editorial.

Fotografías ©: Imágenes de iStock: portada, 4, 7, 10–11, 13, 14–15, 16 (esquina superior izquierda), 16 (esquina superior derecha), 16 (esquina inferior izquierda), 16 (esquina inferior derecha); imágenes de Shutterstock: 8–9

Library of Congress Control Number: 2022912465

ISBN
978-1-64619-683-8 (tapa dura)
978-1-64619-715-6 (tapa blanda)
978-1-64619-778-1 (libro electrónico en PDF)
978-1-64619-747-7 (libro electrónico alojado)

Impreso en los Estados Unidos de América
Mankato, MN
012023

Sobre la autora

Meg Gaertner disfruta leer, escribir, bailar y hacer actividades al aire libre. Ella vive en Minnesota.

Tabla de contenido

Me gusta construir 5

Glosario 16

Índice 16

Me gusta construir

Construyo una torre.

Construyo un muñeco
de nieve.

muñeco de nieve

Construyo un castillo
de arena.

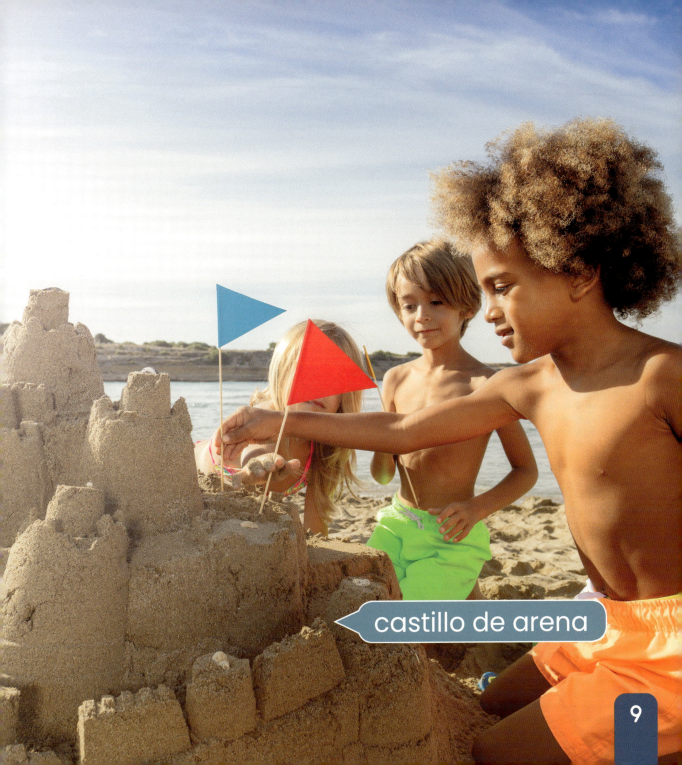
castillo de arena

Construyo un puente.

Construyo un robot.

robot

13

Construyo una pajarera.

Glosario

castillo de arena

pajarera

muñeco de nieve

puente

Índice

M
muñeco de nieve, 6

P
puente, 10

R
robot, 12

T
torre, 5